AF247897

ANDRÉ LEFÈVRE

PETITE HISTOIRE

DE

NAPOLÉON 1ᵉʳ

10 CENTIMES

PARIS

LIBRAIRIE DU SUFFRAGE UNIVERSEL

14, RUE HAUTEFEUILLE, 14

1875

PETITE HISTOIRE

DE

NAPOLÉON IER

I

Bonaparte

Napoléon Bonaparte, conçu Corse, naquit Français, deux mois après la soumission de son île ; Français de nom, car il ne le fut jamais d'esprit.

Son adolescence n'eut rien de remarquable. A Brienne, où l'avait fait admettre l'intime ami de sa mère, M. de Marbeuf, il ne se distingua en rien de la plupart des jeunes gens qui se destinent à l'armée.

Son ambition s'éveilla sous l'empire de la nécessité. Sa famille était nombreuse, peu fortunée ; il fallait songer à l'avenir. La conviction n'eut aucune part à ses démonstrations républicaines. Il disait : « Si j'avais été maréchal de camp, j'aurais embrassé le parti de la cour ; mais sous-lieutenant et pauvre, j'ai dû me jeter dans la Révolution. »

Quelle chance voulut que Bonaparte, au

lieu de se trouver en Italie avec son corps, passât sous Avignon juste pour pointer les canons du général Carteaux ? Toujours est-il que Bonaparte, en allant d'Avignon à Nice, prit Toulon et fut élevé au grade de général d'artillerie. Ses premiers succès lui valurent l'amitié de Robespierre jeune, alors commissaire aux armées ; liaison imprudente et qui, le 9 thermidor, faillit lui coûter cher. Arrêté à Marseille, poursuivi par les légitimes rancunes de Salicetti (*affaires de femmes !*), il ne dut la liberté, et probablement la vie, car *tous les soupçons* du Comité de salut public « *se fixaient sur sa tête,* » qu'à l'utilité dont pouvaient être ses talents.

Rayé de la liste des généraux, simple solliciteur du salon Tallien, protégé de Barras, il fallut, pour le remettre en évidence, la mitraillade du 13 Vendémiaire ; bientôt demeuré seul général de l'intérieur, il se mit à placer partout ses amis et ses frères, à ménager les anciens nobles, à expédier à sa mère, qui en avait grand besoin, de grosses sommes d'argent.

Enfin, sa passion pour Joséphine de Beauharnais permit à Barras d'établir une amie, et valut au jeune époux le commandement de l'armée d'Italie.

Au point de vue militaire, qui est celui de la vieille histoire et trop souvent celui des Français, rien de plus étourdissant que les campagnes d'Italie. C'est Mondovi forçant le Piémont à poser les armes (avril 96) ; c'est Lodi, Castiglione, Roveredo, arrachant à l'Autriche la Lombardie ; c'est le

coup de théâtre d'Arcole, avec ses deux
chaussées étroites qui, supprimant l'avan-
tage du nombre, coupent et dispersent
l'armée d'Alvinzi; c'est Rivoli, culbutant
toute une artillerie sur les rampes d'Incar-
nale; coup sur coup, victoire sur victoire;
et le Saint-Siége humilié à Tolentino, et
l'Autriche avouant sa défaite à Léoben et à
Campo-Formio. Tout cela mêlé, assaisonné
de protestations républicaines, voire de
fondations de républiques, à l'instar de Paris, la cisalpine, et la cispadane, et la par-
thénopéenne. Mais si, respectant l'éclat lé-
gendaire d'un tableau consacré, nous en
scrutons les ombres, nous voyons Bonaparte
offrant tout d'abord à ses soldats l'Italie à
dévorer, punissant pour la forme quelques
pillards subalternes, mais en somme fermant les yeux sur les rapines de ses offi-
ciers qu'il tenait ainsi dans sa main, habi-
tuant le Directoire à combler le déficit avec
des millions étrangers extorqués au jour le
jour à des principicules épouvantés, aux vil-
les même où il entrait en libérateur. En
moins de dix-huit mois il leva 351,760,000 fr.

Tout était de bonne prise, tableaux, sta-
tues, denrées, marchandises, jusqu'aux
bois de construction : « l'Italie, écrivait Bonaparte, sera fière d'avoir contribué à l'é-
clat de notre marine. » Etonnez-vous après
cela des révoltes de Faenza, de Pavie, de
Milan, de Vérone! On pleurait sitôt qu'on
apercevait un Français.

Ce n'est pas tout. Bonaparte conduisait
de front la guerre et la politique en maître absolu. « Je fais ce que je veux, disait-

il. Les commissaires du gouvernement n'ont rien à voir dans ma politique. » En dépit d'ordres formels, il épargnait le pouvoir temporel des papes ; désobéissance funeste qui préparait le Concordat. Par les préliminaires de Léoben, il coupait court aux succès de l'armée du Rhin, au moment où Hoche et Moreau s'apprêtaient à dicter à l'Autriche une paix définitive. Il brusquait le traité de Campo-Formio, malgré deux ultimatums du Directoire défendant en termes absolus la cession de Venise.

Lui qui, lors du 18 fructidor, envoyait au Directoire des adresses exaltées et jurait sur les drapeaux « guerre implacable aux ennemis de la Constitution de l'an III, » il tenait à ses intimes le langage suivant : « Ce que j'ai fait jusqu'ici n'est rien encore. Croyez-vous que ce soit pour faire la grandeur des avocats du Directoire que je triomphe en Italie ? *ou pour fonder la République ?* Quelle idée ! Il faut aux Français de la gloire ; *mais de la liberté,* ils n'y entendent rien. *Un chef et non des théories.* Des hochets, cela leur suffit. »

Et encore : « Je ne sais plus obéir, *si je ne puis être le maître,* je quitterai la France. »

Tout le secret de l'expédition d'Egypte est dans ces lignes de ses mémoires : « Pour qu'il fût maître de la France, *il fallait que le Directoire éprouvât des revers pendant son absence* et que son retour rappelât la victoire sous nos drapeaux. » Voilà ce qu'on peut appeler une conception patriotique !

Pour le Directoire, inquiet de cette ambition menaçante, son départ était un délai, la conquête de l'Egypte était un dérivatif. On le laissa partir ; on dut même l'y forcer.

Passons sur les Pyramides, bataille plus éclatante que sérieuse, malgré la présence des quarante siècles. Voici Bonaparte installé au Caire avec une trentaine de mille hommes auxquels il a promis de quoi acheter des montres et six arpents de terre ; il tranche du Mahomet, il se fait appeler « Prunelle d'Allah » ; il prend part à la fête du Nil, les jambes croisées sur un carreau il s'essaye, enfin, dans le pathos qu'on est convenu d'appeler style oriental. Les proclamations du nouveau muphti sont l'élément comique du drame. Toute l'armée en riait. Menou seul les prit au sérieux, puisqu'il se fit circoncire.

L'insurrection du Caire, réprimée avec une sanguinaire fureur, témoigne assez du peu de goût des Egyptiens pour les bienfaits de *Bounaberdi*.

Une férocité extraordinaire signala l'expédition de Syrie. Deux mille cinq cents prisonniers furent massacrés à Jaffa ; c'était ainsi qu'on vengeait le désastre naval d'Aboukir.

La victoire du Mont-Thabor, brillante dispersion d'une multitude indisciplinée, ne combla pas les vides faits dans nos rangs par la peste et le feu. Force fut à l'ami de Tippoo-Saheb, au grand ravageur de l'Asie, au futur conquérant des Indes, de ramener en Egypte ses troupes, décimées devant Saint-Jean-d'Acre, pour prévenir, s'il était possible, le débarquement d'une armée turque.

Il n'en fut pas moins bien accueilli à Paris. Il venait de loin. Personne ne lui demanda compte de notre marine ruinée, d'une armée aventurée et d'avance perdue ; non, la France s'abandonnait, ou plutôt elle désirait comme certaines femmes être un peu rudoyée. Toujours les grenouilles qui demandent un roi ! Le rôle de sauveur, refusé par Moreau, convenait excellemment à Bonaparte ; Siéyès ne le lui eut pas plus tôt proposé, qu'il se mit en mesure.

On n'avait pas de temps à perdre : l'admirable victoire de Zurich venait de désorganiser la coalition ; la France, en fait, était déjà sauvée à l'extérieur. Restait à la sauver intérieurement. Tout le monde sait comment cela s'exécute. On se munit d'abord d'un Talleyrand et d'un Fouché, comme qui dirait un Morny ou un Maupas ; on s'associe des légistes, Cambacérès ou Troplong, des hommes d'Etat vénaux, Siéyès ou Billault, etc. On excite les généraux présents contre les avocats : « Plus de bavards ! leur crie-on ; il faut une tête et une épée. » Puis, un beau matin, avec une escorte de sabreurs et d'intrigants, on court mettre la main sur les représentants du peuple, et l'on crie : « Que les faibles se rassurent, ils sont avec les forts ! »

On sait que, devant les Cinq-Cents, l'attitude du candidat à la dictature fut des plus piteuses. L'Assemblée législative, sincèrement républicaine, couvrit de ses c d'indignation et de hors la loi le perturbateur de l'ordre public. Sans son frère Lucien, par malheur président de l'Assemblée, c'en était fait de l'Empire, de l'expédition d'Espagne, de la Bérésina, de Waterloo (et du 2 décembre); la France échappait à son sauveur. La « *Providence* » ne pouvait permettre cette énormité.

Lucien donc, rallie les soldats, ceux-là même auxquels était confiée la garde du Corps législatif. « A cheval, messieurs, à cheval! » La salle est envahie : « Circulez! circulez! » et l'attentat est consommé.

« Paris se montra curieux, mais resta neutre, l'armée applaudit, l'opinion se tut. » Nul ne parut comprendre le mot de Bonaparte : « Citoyens, la Révolution est fixée aux principes qui l'ont commencée; *elle est finie,* » c'est-à-dire supprimée. Et c'est pourquoi, ô conservateurs bornes! elle recommence toujours.

Le 18 Brumaire n'a point coûté de sang. En serait-il moins un crime? Mais attendez, le sang ne lui manquera pas. Il va, quinze ans durant, faucher les générations.

Avant d'imposer à la France la loi suprême de son bon plaisir, Bonaparte avait à centraliser entre ses propres mains tous les pouvoirs, à absorber dans l'Etat la commune, les jurys, les colléges électoraux, enfin l'Etat dans sa personne. Ce fut l'affaire de quelques remaniements dans cette étouffante Constitution de l'an VIII, œuvre chimérique de Siéyès, mécanique précieuse, indispensable à tous les despotismes. Nous la connaissons tous, elle nous régit.

Qu'importaient, à côté d'un consul omnipotent, un Sénat pensionné, conservateur de la Constitution, un Tribunat qui discutait les lois sans les voter, et un Corps législatif muet qui votait les lois sans les discuter?

« Nous avons un maître, » s'étaient dit Siéyès et Ducos en se partageant la caisse secrète du Directoire.

L'aventure égyptienne, la violation du territoire suisse, l'occupation de Gênes et de Malte, enfin les succès relatifs de la coalition, tout rendait inévitable la reprise sérieuse des hostilités. Bonaparte offrit la paix, mais non sans espoir de refus; il avait besoin, c'est lui qui nous l'apprend, d'un renouveau de gloire.

Tandis que Marengo, bataille perdue par Bonaparte et regagnée par Desaix et Kellermann, enlevait l'Italie à l'Autriche, la marche savante de Moreau sur le Danube, préparait l'immortelle et décisive action d'Hohenlinden. Kléber, dans le même temps, battait les Turcs à Héliopolis. L'éclat de ces succès rejaillit tout entier sur le premier consul. Le traité de Lunéville, seconde édition de Campo-Formio, remplit de reconnaissance un peuple avide de repos.

Cependant, la guerre était partout encore. Le bombardement de Copenhague par la flotte anglaise et la défection de la Russie rompaient la Ligue des neutres. La folle expédition de Saint-Domingue, livrait à la fièvre jaune de vaillantes troupes où l'on avait eu soin de faire entrer tous les républicains de l'armée. La mort de Toussaint Louverture, tué par le froid au fort de Joux, n'était pas une compensation pour un tel désastre.

Que d'iniquités et de manœuvres nous sommes obligé d'omettre dans cet aperçu rapide ! La proscription des républicains à l'occasion du complot royaliste de la rue Saint-Nicaise, la presse bridée, réduite à insérer des articles fabriqués dans les ministères, la propriété des journaux supprimés adjugée aux officieux, la persécution attachée à tout esprit libre, la violation éhontée du secret des lettres ; les tribunaux d'exception, cours prévôtales, commissions mixtes, odieuses machines que dirige la force déguisée en justice !

Il est un acte auquel nous devons nous arrêter, le plus déplorable que la pensée moderne puisse reprocher au césarisme rétrograde du premier consul : c'est le Concordat, qui nous rive aujourd'hui encore au joug clérical.

Ennemi naturel de toute liberté, Bonaparte avait songé tout d'abord à la restauraration d'une religion officielle, placée sous sa main, et qui achevât l'asservissement des âmes. Quant à des motifs religieux quelconques, il serait puéril de lui en demander. On sait trop ce qu'il pensait de la «prêtraille», des «radoteurs imbéciles,» du « vieux renard; » on a vu ses mômeries mulsumanes au Caire. Mais quoi! pouvait-on jouer le rôle de Charlemagne sans religion et sans sacre? Lorsqu'il présentait à ses familiers le Concordat comme

« *la vaccine de la religion* » (« dans cinquante ans, disait-il, il n'y en aura plus en France »); lorsqu'il prétendait « obliger ainsi le pape et le clergé à se déclarer contre la légitimité des Bourbons, » Lafayette lui répondait : « Allons, général, avouez que cela n'a d'autre but que de vous faire casser la petite fiole sur la tête. »

L'Empire, dès lors, était fait. Les colléges électoraux, comme le consul, furent nommés à vie. Toute trace de la Révolution disparut, et pour longtemps. Il y avait des dames d'honneur, des préfets du palais, une garde, les apparences comme la réalité du despotisme. Bonaparte, vêtu de velours violet, portait à la garde de son épée les diamants de la couronne. Il n'avait plus besoin, pour monter enfin au trône, que d'un grand péril et d'une grande commotion intérieure. La conspiration de Georges Cadoudal et de Pichegru, préparée et suivie durant six mois par un espion français à Londres, mijotée à Paris par des agents provocateurs, exploitée avec un art infini, fortement assaisonnée par la mort suspecte de Pichegru et l'assassinat du duc d'Enghien, fut la péripétie suprême, décisive du grand drame joué devant l'inertie et l'ébahissement publics.

Moreau avait été impliqué dans le procès de Georges. Un général républicain aurait pu conspirer contre le premier consul, et cela sans commettre un grand crime; quoi qu'il en soit, les juges ne crurent pas pouvoir le condamner; ils l'acquittèrent à la majorité de sept contre cinq. A cette nouvelle, Bonaparte entra dans un tel transport de fureur, qu'une demi-heure après, Moreau était condamné, non à mort comme l'eût voulu le maître, mais à deux ans de prison, bientôt commués en exil perpétuel. Napoléon était vengé de la gloire d'un rival. Du vainqueur d'Hohenlinden, il faisait un traître.

II

Napoléon.

Pressenti par Fouché, invité par le premier consul à faire connaître sa pensée tout entière, le Sénat n'eut pas de peine à découvrir que « la gloire, la reconnaissance, l'amour, l'intérêt de l'Etat, tout proclamait Napoléon empereur héréditaire. » La question d'hérédité fut soumise à un plébiscite illusoire. La famille impériale, organisée par décret, fut flanquée de grands dignitaires; tels que grand-électeur, deux archi-chanceliers, archi-trésorier, grand-amiral, connétable, et de grands-officiers civils et militaires, maréchaux, chambellans, maîtres des cérémonies.

Au chœur des grands Corps de l'Etat, succéda un écœurant concert d'évêques : « Comme un autre Moïse, Napoléon a été appelé des déserts de l'Egypte... Nouveau

Mathias... Monarque généreux comme le pieux Onias... Emule de Josaphat... Un nouveau Cyrus a paru... Qu'il vive, qu'il commande à jamais, le nouvel Auguste, cet empereur si grand qui reçoit des mains de Dieu la couronne... »

C'était le prélude du sacre. Pie VII, se faisant chapelain de son dévot fils, heureux sans doute d'apprendre qu'on avait pu réunir les fragments de la Sainte-Ampoule, brisée par d'affreux révolutionnaires, dut consentir à faire le voyage de Paris.

Bonaparte devint l'oint du Seigneur; aussitôt le catéchisme consacra ce grand événement. A la suite du 4ᵉ commandement, *tes père et mère honoreras,* furent inscrits les préceptes suivants :

« Les chrétiens doivent aux princes qui les gouvernent, et nous devons en particulier à Napoléon Iᵉʳ notre empereur, l'amour, le respect, l'obéissance, la fidélité, le service militaire. Honorer et servir notre empereur est honorer et servir Dieu même... »

Il fallait au bourdon de Notre-Dame un accompagnement de victoires. Le 1ᵉʳ janvier 1805, Napoléon sachant la guerre inévitable, avait proposé la paix au roi d'Angleterre, qui n'avait aucune raison pour l'accepter ; puis il avait continué de braver l'Europe en absorbant le royaume d'Italie et en réunissant Gênes à l'Empire. Il était partout prêt à l'offensive.

Levant précipitamment le camp de Boulogne, il passa le Rhin le 1ᵉʳ octobre, bat-

tit Mach à Elchingen et l'enferma dans
Ulm. Le 13 novembre, il entrait à Vienne.
Le 2 décembre, il écrasait et noyait dans
des étangs dégelés par le soleil d'Austerlitz
les Austro-Russes que commandaient en
personne le czar et l'empereur d'Autriche.

Triomphant sur terre, il était battu sur
mer. Les flottes d'Espagne et de France,
mal engagées, avaient été coupées en deux
par Nelson à Trafalgar. Notre marine était
anéantie. Désastre dont l'empereur atténua
l'importance et méconnut la portée. « Soit,
dit-il, je battrai l'Angleterre sur le continent. » Ces mots renfermaient en germe
le blocus continental.

La paix de Presbourg, signée le 26 décembre, bouleversa l'Europe entière.

La couronne de Naples, enlevée aux
Bourbons et surtout à la reine, que Napoléon traitait de « moderne Athalie, » fut
imposée à Joseph Bonaparte, qui n'en voulait pas. L'inoffensive république Batave
fournit un royaume pour Louis, autre
frère de l'empereur, homme modeste qui
méritait de n'être pas fait père de Napoléon III. Murat, Pauline Borghèse (la Vé-
nus de Canova), Berthier et Bernadotte,
Talleyrand, Savary et Fouché furent in-
vestis de fiefs réels et souverains. Des ma-
jorats, institués au mépris du droit moderne, complétèrent le nouveau système
nobiliaire. Deux ans plus tard, les fonc-
tions conféraient les titres de princes, al-
tesses, comtes, barons, chevaliers, écuyers
mêmes, à toute la hiérarchie militaire et
civile. Ainsi Napoléon ne se contentait pas

d'avoir restauré les sinécures administratives du Bas-Empire : il enviait au moyen-âge l'appareil féodal.

Le corrupteur ne demandait et n'offrait aux Français qu'une obéissance payée ; bien plus, il entendait la leur enseigner, leur en faire sucer le poison dès l'enfance.

C'est pourquoi il donna pour base à l'enseignement « confié exclusivement à l'Université » : 1° les préceptes de la religion catholique ; 2° la fidélité à l'empereur, à la monarchie impériale dépositaire du bonheur du peuple, et à la dynastie napoléonienne conservatrice de l'unité de la France et de toutes les idées libérales proclamées par les Constitutions.

Ce que Napoléon faisait pour la France, il n'entendait pas le refuser aux peuples conquis, aux royaumes feudataires.

Il écrivait à Eugène : « Ne laissez pas oublier que je suis le maître ; votre système est simple : l'Empereur le veut... On dit que l'évêque d'Udine s'est mal comporté ; si cela est, il faut le faire fusiller. Il est temps enfin de faire un exemple de ces prêtres, et *tout est permis au moment de la rentrée* (après Austerlitz). Que cela soit fait dans les vingt-quatre heures. »

Il écrivait à Joseph : « Envoyez-moi tous les matériaux sur les *mesures odieuses* dérivant du droit de conquête *qu'il serait nécessaire de prendre... Je désirerais bien que la canaille de Naples se révoltât. A tout pays conquis il faut une révolte.* »

Napoléon n'était pas plus doux aux individus qu'aux masses. C'est en cette année 1806 que fut exécuté à Braunau le libraire Palm, coupable d'avoir fait circuler une brochure patriotique. « Mon cousin, écrivait Napoléon à Berthier, le 5 août, j'imagine que vous avez fait arrêter les libraires d'Augsbourg et de Nuremberg. Mon intention est qu'ils soient traduits devant une commission militaire *pour être jugés et fusillés* dans les 24 heures. » Citons encore, et pour en finir avec ces infamies, le marquis de Rodio, fusillé après avoir été absous, en 1807; un négociant de Livourne, assassiné de la même façon; et le héros du Tyrol, André Hofer, également acquitté par un conseil de guerre et exécuté le 11 février 1810 sur une injonction ainsi conçue: « Mon fils, formez sur-le-champ une commission militaire *pour le juger et le faire exécuter* à l'endroit où votre ordre arrivera. Que tout soit l'affaire de 24 heures. » C'était la formule consacrée.

Ces procédés abominables n'étaient pas fait pour rallier les cœurs. Comment s'étonner que chaque triomphe et chaque traité de paix enfantassent une nouvelle coalition? A peine la Confédération du Rhin était-elle instituée que la Prusse, soutenue par la Russie, se décidait à attaquer l'ennemi commun; mais elle se repentait trop tard d'avoir laissé écraser l'Autriche. Deux batailles en un jour (14 octobre 1806). Iena et Auerstaedt, renversèrent l'édifice de Frédéric II. Parti de Paris le 22 septembre, Napoléon entrait le 22 octobre à Berlin.

Enivré par cette ruine foudroyante, il

crut l'heure venue de dominer enfin « la mer par la terre ». L'anglophobie, cette rage dont les accès devaient l'emporter, lui dicta le décret du blocus continental (21 novembre 1806). Peu lui importait d'affamer et d'exaspérer l'Europe, s'il tuait l'Angleterre en fermant à son commerce le continent tout entier.

La campagne de Pologne suivit celle de Prusse. Elle fut plus longue et coûta plus cher. La bataille d'Eylau, terrible, acharnée, fut longtemps indécise. Le lendemain, Napoléon crut éprouver un remords. Il songeait en ce temps-là à rendre aux troupes l'habit blanc plus économique et plus conforme aux traditions de la monarchie ; à la vue du sang sur la neige d'Eylau, il déclara qu'il ne voulait que des habits bleus, *quoi qu'il en pût coûter*.

La victoire décisive de Friedland, fut bientôt suivie de la paix de Tilsitt (7 juillet), traité léonin, gros de complications prochaines. Cependant, le conquérant triomphait à Saint-Cloud (27 juillet). « Voilà la paix continentale assurée, disait-il ; jouissons de notre grandeur ; » et le Sénat lui répondait : « Napoléon est au-delà de l'histoire humaine ; il est au-dessus de l'admiration. » L'heure était venue de supprimer jusqu'au dernier vestige de la liberté de penser. Du fond de la Pologne, un décret d'exil avait été lancé contre Mme de Staël. Au retour, Napoléon supprima le fantôme du Tribunat, douze à quinze métaphysiciens bons à jeter à l'eau.»

Vainement avait-il parlé de paix. Déjà

le blocus continental venait de le jeter dans de nouvelles aventures. Le Portugal avait refusé d'exclure de ses ports le commerce anglais. Aussitôt Napoléon signifie à l'Europe que « la dynastie de Bragance a régné. » Junot envahit le Portugal, prend Abrantès et entre à Lisbonne.

Napoléon rêvait depuis longtemps l'occupation de l'Espagne. A quoi bon ? Le gouvernement de Charles IV était absolument soumis à l'influence française. Mais il ne s'agissait pas d'avoir du sens commun : il s'agissait de s'approprier le monde. L'empereur débute par envoyer sournoisement ses troupes dans la péninsule comme protectrices. Murat entre à Madrid où éclate une insurrection formidable.

C'était ce qu'attendait Napoléon ; tandis que Murat contient Madrid à l'aide de ces moyens terribles « dont son beau-frère lui avait enseigné l'usage », il attire à Bayonne Charles IV et son fils révolté, puis, par une inqualifiable comédie, qui indigna Talleyrand lui-même, il obtient de ces tristes sires une double abdication.

Il faut rendre ici justice à l'Espagne ; aussitôt menacée du joug étranger, elle se lève ; ses juntes rassemblent des armées commandées par Castanos, Palafox, Blake ; de toutes parts surgissent les guérilleros, les deux Mina, el Empecinado et tant d'autres dont le nom est demeuré populaire. Que n'avons-nous suivi cet exemple !

Dès l'ouverture de la campagne, le pauvre Joseph, roi malgré lui, écrivait à son frère : « Sire, personne jusqu'ici n'a dit toute la vérité à Votre Majesté. Il faut 200,000 Français pour comprimer l'Espagne et *cent mille échafauds*. Sire, on ne connaît pas ce peuple ; *chaque maison sera une forteresse. Deux mille domestiques* m'ont quitté à la fois, malgré les forts appointements que j'avais donnés ; nous ne trouvons pas un guide, pas un espion... Votre gloire, Sire, échouera en Espagne. »

Napoléon crut devoir franchir les Pyrénées en personne. Trois ou quatre batailles l'amenèrent devant Madrid. Il fit savoir aux habitants que, si la ville n'était pas rendue à six heures du matin « elle aurait cessé d'exister. »

Maître de Madrid, Napoléon se prit à légiférer, ce qu'il faisait volontiers dans les capitales ennemies. On vante les réformes qu'il édicta, l'abolition de la féodalité et de l'inquisition, et certes les mesures étaient bonnes en elles-mêmes ; mais quel peuple accepte les présents d'un vainqueur ?

Rappelé en Allemagne en janvier 1809 par les armements de l'Autriche, Napoléon quitta pour toujours le pays où il n'aurait jamais dû entrer. Thann, Abensberg, Eckmühl, lui ouvrirent une fois encore les portes de Vienne. Une crue du Danube et deux jours de lutte meurtrière et indécise le rejetèrent dans l'île de Lobau où il demeura plus d'un mois. Enfin, renforcé par Eugène, il réussit à déboucher dans les plaines de Wagram et y gagna une terrible bataille. Il était temps. Le grave échec d'Essling avait remué l'Allemagne et rempli le monde d'espérance.

Napoléon, plus puissant que jamais, s'établit à Schœnbrünn. La main de l'archi-duchesse Marie-Louise lui était accordée; il entrait enfin dans « le concert des rois.» Mais l'attentat du jeune Stapps vint lui rappeler que la haine des peuples montait contre lui. Avant de torturer par la faim et d'envoyer au supplice le martyr de l'Allemagne, il l'interrogea lui-même, et les réponses de cet adolescent le frappèrent de stupeur. Deux jours après, 14 octobre, la paix était signée en toute hâte.

1810 et 1811 furent des années de faste et d'ivresse aveugle. L'empire était à son apogée. La Suède offrait la couronne au maréchal Bernadotte; la rive gauche du Rhin, une partie du Hanovre, et par la « *même occasion,* » dit M. Thiers, le Valais, la Hollande étaient réunis à la France. Amsterdam devenait la troisième ville de l'Empire; la seconde, était Rome. Bonaparte, « annulant les donations des empereurs *français*, ses augustes prédécesseurs,» avait annexé les Etats du pape. Ridicule langage et mesure contradictoire. A Tolentino, il eût pû supprimer le pouvoir temporel au nom de la Révolution. En le brisant, lui catholique, au nom de son bon plaisir, il perdait tous les bénéfices du concordat.

De l'Elbe au Tibre, la domination napoléonienne englobait cent trente départements où l'on parlait italien, piémontais, allemand, hollandais, wallon, flamand. Douze Etats ou royaumes, faisaient à l'Empire une ceinture de feudataires. La

Prusse et l'Autriche, humiliées et démembrées, subissaient la loi du maître. Le czar, prodiguant les flatteries à son superbe allié, se pliait aux ruineuses exigences du système continental.

En France, les décrets sur l'imprimerie et la librairie (février 1810), sur les feuilles périodiques (13 octobre 1811), sur la censure rétablie (décembre 1810), les prisons d'Etat, les bastilles, les exils tuaient la pensée et ne laissaient d'essor qu'à la pâle littérature des Fontanes, des Esménard, des Chênedollé et autres Baour-Lormian, qu'aux platitudes des Cambacérès, des Lacépède. Les conscriptions qui fauchaient levée sur levée insurgeaient les mères. Des milliers de réfractaires et de déserteurs couraient les champs.

Cependant, Napoléon donnait des fêtes. Il portait d'horribles chapeaux à plumes au milieu d'une cour où les maréchaux et leurs femmes, affublés de titres et gorgés d'or, égayaient de leurs belles manières les muets qui osaient encore sourire. Le 9 mars 1810, il avait répudié enfin l'auteur et la compagne de sa fortune. Elle le connaissait trop, et ses souvenirs humiliaient la majesté du trône. Puis César voulait un héritier. Marie-Louise, épousée à Vienne par Berthier (11 mars), ne fut pas plus tôt arrivée qu'il se précipita sur cette lourde personne avec une ardeur indécente, un empressement de parvenu ; et le 20 mars 1811, il célébrait la naissance d'un fils en qui s'incarnait sa dynastie. Il l'appelait roi de Rome et le faisait haranguer (à quatre mois) par ses graves sénateurs. La nourrice fut chargée de leur répondre.

Napoléon, d'ailleurs, portait mal cette immense prospérité. Il était devenu pire. Ses brusques fureurs, qui jadis n'excluaient pas le sang-froid, épouvantaient ses favoris. Déjà il s'était oublié jusqu'à pousser Talleyrand contre un mur et à le menacer du poing. En 1810, Fouché, son autre âme damnée, fut disgracié pour avoir adressé une proclamation à la garde nationale.

Sa démence n'était pas un mystère. Dès 1809, Decrès, un ministre, un duc, disait à Marmont, récemment promu maréchal : « Vous voilà tout courant ; mais écoutez : l'empereur est fou, tout à fait fou, et tout cela finira par une épouvantable catastrophe. »

Commediante, tragediante! Ce comédien jouait sa propre tragédie, et le dénouement était proche.

En 1807, le czar et l'empereur s'étaient juré une éternelle amitié ; à Erfurt, en 1808, ils avaient renouvelé les accolades et les serments de Tilsitt. Mais entre princes, de pareils engagements ne sont que phrases de parade. L'insatiable avidité de Napoléon, le fardeau du blocus continental, la rupture d'un projet de mariage avec une princesse Russe, n'avaient cessé d'inquiéter, d'humilier Alexandre.

Aussitôt que Napoléon, s'assurant le concours forcé de l'Autriche et de la Prusse, groupant les contingents de l'Italie, de la Hollande, de la Saxe, de la Bavière, du Rhin, de la Pologne, se fût constitué une armée de six cent mille combattants (janvier-mars 1812), il s'en alla tenir à Dresde une de ces cours de rois (mai), où son orgueil insolent se plaisait à exaspérer la haine muette de ses victimes. Quand le dieu se fut fait adorer suffisamment, il suscita un prétexte et déclara la guerre, en s'écriant : « La Russie est entraînée par la fatalité ! Ses destins doivent s'accomplir. » Le 23 juin, deux grands mois trop tard, il passa le Niémen.

Après des demi-victoires qui écartèrent les armées russes plutôt qu'elles ne les dispersèrent, il pouvait accepter à Wilna les propositions de paix qui lui furent apportées par Balachoff. Il préféra coucher 60,000 hommes sur le champ de bataille de la Moskowa.

Du Kremlin, il se mit tranquillement à lancer des décrets comme à son ordinaire. Mais le patriotique incendie allumé par Rostopchine vint l'atterrer et le confondre. Ce fut lui qui offrit la paix. On ne lui répondit pas. La retraite fut une débâcle, une déroute sans direction et sans espoir. L'armée ne comptait plus que 120,000 combattants, harcelés par les Cosaques et décimés par le froid. La Bérésina, nom sinistre, engloutit vingt mille cadavres (25 novembre 1812). Mais quoi ! le bulletin n'apprenait-il pas aux mères des 300,000 morts que : « *la santé de l'empereur n'avait jamais été meilleure*? Et puis, disait Napoléon à Jomini : « Quand on n'a jamais eu de revers, il faut les avoir grands comme sa fortune. »

De graves nouvelles forcèrent l'Empereur à déserter son armée. Une audacieuse tentative venait de dénoncer au monde la fragilité de l'édifice impérial (23 octobre 1812). Un ancien général, le républicain Malet, avait été maître de Paris pendant dix heures; sans la lenteur de deux de ses complices, il arrêtait tous les ministres et changeait la forme du gouvernement; trois mots avaient suffi au conspirateur: « L'empereur est mort. » « Eh ! quoi, s'écria Napoléon, lorsqu'il reçut à Dorogobouje la nouvelle de cet étrange événement, on ne songeait donc pas à mon fils, à ma femme, aux institutions de l'Empire ? » Lui, l'habile homme, il croyait aux serments des autres !..

Malet avait bien raison de répondre au juge qui lui demandait ses complices : « Toute la France, et vous-même si j'avais réussi. » L'empire continua pour notre malheur.

Napoléon, incorrigible, au lieu de demander la paix, se hâte de moissonner deux ou trois générations et part pour l'Allemagne avec 350,000 conscrits. Le 2 mai, au prix de 25,000 tués et blessés, il bat les coalisés à Lutzen, réinstalle, le 12, le roi de Saxe à Dresde, et le 20 gagne encore la bataille de Bautzen. Mais Napoléon se croyait de nouveau maître de l'Europe. Comme Metternich essayait de faire valoir des raisons d'humanité : « Vous n'êtes pas militaire, monsieur, vous n'avez pas comme moi l'âme d'un soldat, vous n'avez pas appris à mépriser la vie d'autrui et la vôtre quand il le faut... *Que me font à moi deux cent m'lle hommes?* »

Mais après les défaites de ses lieutenants à Katzbach, Gross-Beeren, Kulm, Dennewitz, Napoléon s'aperçut que « l'échiquier s'embrouillait. » Plus de royaume de Westphalie. La Bavière adhérait à la coalition. Et l'empereur d'Autriche disait avec un gros rire : « Le chaud est aussi contraire à mon gendre que le froid. »

Vainement Napoléon, avec une armée réduite à 150,000 hommes, tint deux jours à Leipsig (octobre) contre 300,000 coalisés. Il perdit la bataille des nations. Vainqueur des rois, il était écrasé par les peuples.

Peu à peu, toutes les garnisons laissées en Allemagne durent capituler. L'Espagne aussi était perdue. Cette guerre inique, fatale, attachée six ans aux flancs de l'Empire, avait dévoré trois cent mille hommes. L'Empire croulait, et la France avec lui.

Cependant les coalisés, se rappelant 1792, hésitaient à franchir le Rhin ; ils firent proposer la paix sur la base des frontières naturelles. Napoléon refusa. Sur quoi comptait-il donc ? Non-seulement il avait énervé, avachi, dégoûté la France, et tari tout le sang de la patrie, mais encore il refusait de faire appel à ce qui restait de forces vives, à ce qu'il appelait haineusement une *jacquerie.* Ce fut sans son aveu que les paysans d'Alsace défendirent héroïquement leurs montagnes.

L'invasion avait commencé (décembre 1813). Toutes les frontières étaient débordées à la fois. Le 24 janvier 1814, Napoléon quitte Paris, confiant sa femme et son fils à la garde nationale (qui n'existait pas ou qui, du moins, n'avait pas de fusils), et engage contre l'impossible cette fameuse campagne de France où il retrouva quelques-unes des qualités de sa jeunesse.

Vainqueur de Blücher à Brienne, écrasé par le nombre à la Rothière (29 janvier, 1er février), il remporte coup sur coup, du 10 au 18 février, les victoires de Champaubert, Montmirail, Château-Thierry, Vauchamps, Montereau. La coalition tremble un instant ; le congrès de Châtillon offre encore la France intacte, celle d'avant 1789. Une dernière fois, Napoléon refuse.

La défaite de Laon, la reddition de Soissons, les combats de la Fère-Champenoise, Arcis-sur-Aube, Saint-Dizier, le mirent enfin aux abois. La tête perdue, parlant de faire une pointe sur Berlin, il recula jusqu'en Picardie, laissant Blücher et Schwartzenberg passer la Marne (29 mars).

Sur le champ de bataille d'Arcis, Sébastiani pressait l'empereur de soulever la nation ? — « Chimères, répliqua Napoléon ! Soulever la nation dans un pays où la Révolution a détruit les nobles et les prêtres et où *j'ai moi-même détruit la Révolution !* »

Paris capitula le 31 mars, et l'immonde Sénat, sous l'inspiration de Talleyrand, s'empressa de proclamer la déchéance en stipulant la *conservation* de ses appointements. Pendant ce temps, à Fontainebleau, de tristes scènes militaires montraient à quelle dégradation le système impérial avait conduit le caractère des maréchaux.

Ce fut le poing sur la gorge que l'empereur signa d'abord une abdication en faveur de son fils, puis une renonciation définitive.

Après moins d'une année d'exil, Napoléon quitte l'île d'Elbe (26 février), et débarque, le 1er mars, au golfe Juan. Le 20, il était à Fontainebleau. Tous les lâches qui avaient voté sa déchéance léchaient la poussière de ses souliers. L'aigle avait volé de clocher en clocher.

Cependant l'esprit public avait changé, Napoléon s'y accommode. Tout en créant sept lieutenants de police à poigne, tout en poursuivant les fonctionnaires qui s'étaient ralliés à Louis XVIII, il laisse bâcler par Benjamin Constant une sorte de Constitution libérale, qu'il accepta sous le nom *d'acte additionnel aux Constitutions de l'Empire.*

Pensez-vous qu'il eût dépouillé le vieil homme? Quelle apparence?

Il se faisait violence et revenait sans cesse à sa première manière; témoin ce discours au conseil d'Etat qui proposait d'abolir la confiscation: « On me pousse dans une route qui n'est pas la mienne. *Que me parle-t-on de bonté, de justice abstraite,* Messieurs, il faut qu'on retrouve, il faut qu'on revoie le bras de l'empereur. »

Au reste, la France n'eut guère le temps d'expérimenter le Napoléon constitutionnel, et cette machine bâtarde qu'on a depuis appelée l'Empire libéral. Le 11 juin, Napoléon partait pour la Belgique, battait les Prussiens à Ligny et se brisait à Waterloo (18 juin) contre la jonction écrasante de Wellington et de Blücher.

Dans un état de prostration complet, sans essayer de rallier ses débris à Laon, il arriva à Paris, le 21, assommé, tué, fini. Posant la main sur sa poitrine : « Je n'en puis plus, fit-il, j'étouffe là! Un bain, qu'on m'apporte un bain. » Il abdiqua le 22. Le 29 juin, chassé par la seconde invasion, il partait pour Rochefort, et le 18 octobre, il était à Saint-Hélène, où il mourut le 5 mai 1821. Il eut six ans pour arranger sa mémoire et faire sa légende.

La précaution était bonne, à l'heure où la mort allait livrer sa tête aux balances de l'anatomiste, à l'heure où la science, qui pèse le génie, allait constater que « ce crâne fait au moule du globe impérial n'excédait pas la mesure moyenne. »

III

La Légende.

Ah! Sainte-Hélène, Hudson Lowe, le Mémorial, le tombeau, le saule! Sainte-Hélène a fait oublier Waterloo, Sainte-Hélène a été le renouveau du culte fatal qui nous domine encore.

Mais quoi! Napoléon à Sainte-Hélène a-t-il été plus malheureux que Moreau en exil, que le duc d'Enghien dans les fossés de Vincennes, que Malet dans la prison où il languit dix ans sans jugement, que toutes les victimes de sa tyrannie, que les

mères auxquelles il a pris leurs enfants?
Et qui, d'eux ou de lui, a fait le plus de
mal à son pays? Sa mort même nous a
été aussi funeste que sa vie.

Une ardeur effrénée de propagande s'em-
para des poètes, des historiens, des hommes d'État; les uns mariant les victoires
aux lauriers, les autres célébrant la cen-
tralisation, l'Université, le Code prétendu
Napoléon, l'Acte additionnel.

Les fautes, les crimes, les désastres furent relégués dans l'ombre. Qui donc n'ex-
cusait pas le 18 Brumaire? Fallait-il regret-
ter le Directoire? Toute la hiérarchie car-
navalesque si grotesquement costumée par
David, sabreurs et adulateurs endimanchés
en rois, en ducs, en chambellans, trouvait
grâce devant une imperturbable admiration. Quant à ces batailles effroyables qui
durant quinze ans dépeuplèrent le monde,
emportant deux millions de Français (et
combien d'autres hommes!) pour ne rap-
porter à la France mutilée qu'une collec-
tion de drapeaux, ne faisaient-elles pas de
Napoléon le rival de César et de Charlemagne? La redingote grise et le petit chapeau
exerçaient les enlumineurs et les potiers.
On les retrouvait sur tous les murs, dans
toutes les bouches; les cabarets même
vendaient la liqueur des braves dans des
vases en forme de Napoléon.

Certes, ils étaient sincères, les créateurs
de l'épopée impériale, lorsqu'à une dynastie restaurée par la défaite, ils opposaient
l'homme élevé au trône par la victoire,
lorsqu'ils honoraient d'un même culte ces

deux choses que Tacite a déclarées inconciliables l'empire et la liberté. Le retour des cendres ne les désabusa pas. Les avertissements de Strasbourg et de Boulogne furent accueillis par des sourires dédaigneux. Que fallait-il donc pour ouvrir les yeux de ces imprudents? Il fallait quatre plébiscites, le Deux Décembre! Il fallait Sedan et la troisième invasion. Ce sont là des *châtiments*, des *expiations*, comme a dit le poète. Mais, c'est la France qui expie; le criminel repose aux Invalides.

Ah! bonapartistes de la veille, qui ne voulez plus l'être le lendemain, que nous sert maintenant votre repentir? A-t-il seulement effleuré ces campagnes, refuges tenaces des paganismes, où vous avez implanté une idole et une religion?

Et maintenant, rude labeur, nous avons à extirper ce que vous avez enraciné en pleine ignorance, ce que vous avez arrosé, fumé, engraissé d'odes et de chansons, et de spéculations de librairie. C'est à nous de reprendre la tâche dont vous avez accru le fardeau, la tâche d'un siècle héritier de Voltaire, de Diderot, de Condorcet; à nous de débusquer des institutions, des codes, et de tous les recoins des âmes les superstitions et les fictions.

Napoléon a assassiné d'Enghien, Rodio, Palm, André Hofer.

Il a décimé quinze générations, depuis la Manche jusqu'à Moscou.

Il a, pour quatre-vingts ans, enrayé la Révolution, c'est-à-dire l'avenir.

Il pouvait libérer les nations; il a tué

Venise, il n'a pas voulu ranimer la Pologne, il a saccagé l'Espagne et l'Allemagne.

Coupable envers les individus, envers l'Europe, envers l'humanité, il l'est plus encore envers la France. Par lui vivant, la France de la révolution, la jeune Gaule reconstituée a été réduite aux frontières de Louis XV. Par lui mort, elle a été ramenée à celles de Louis XIII. Tout ce qui a épuisé, humilié la France, c'est l'ambition ou le nom de Napoléon qui l'a préparé et accompli.

Mais les pertes matérielles se réparent. Les diminutions morales sont plus terribles. Napoléon a dépravé l'esprit français. sa conception fausse du monde moderne a établi sur notre sol le militarisme, le fonctionnarisme, le cléricalisme officiel, ces trois engrenages dévorants. Il a détruit la justice, le sens de la dignité civique. C'est à la tradition de l'empire que nous devons le système autoritaire, les compromis bâtards entre le droit et l'arbitraire, qui, aujourd'hui encore, s'opposent à notre régénération. Nous sommes imbus, infectés de Napoléon. Il s'agit d'en éliminer jusqu'aux derniers vestiges.

Nous ne vivrons qu'à ce prix.

La brochure **PETITE HISTOIRE DE NAPOLÉON Ier**, se trouve à la *Librairie du Suffrage universel*, 14, rue Hautefeuille.

10 CENTIMES l'exemplaire.

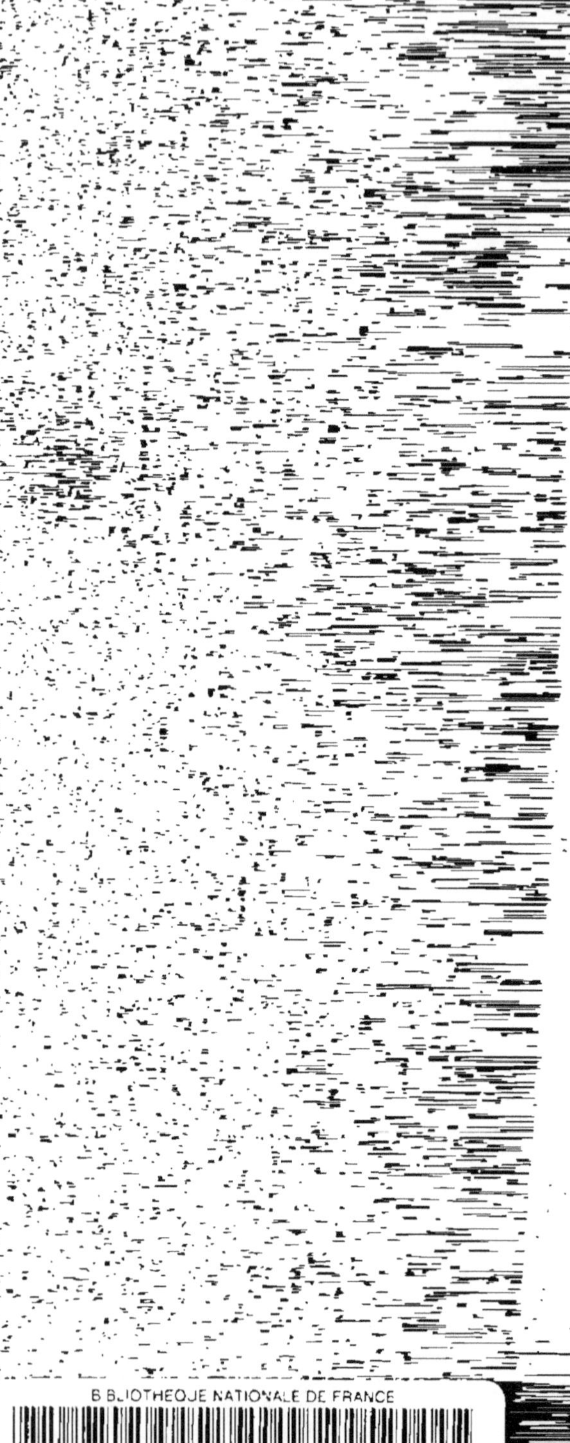